Début d'une série de documents
en couleur

LES
ÉVÊQUES DE LIMOGES

ET LA PAIX SOCIALE

PAR

Louis GUIBERT

Secrétaire général de la Société archéologique et historique
du Limousin

LIMOGES
IMPRIMERIE-LIBRAIRIE LIMOUSINES
Vᵉ H. DUCOURTIEUX
7, RUE DES ARÈNES, 7
1898

OUVRAGES DU MÊME AUTEUR :

Le Château de Châlucet (avec un plan). — Limoges, Sourilas-Ardillier, 1863 (2ᵉ édit., revue et augmentée, 1871).

Crucifixa. — Paris, Dentu, 1863.

Rimes franches. — Paris, Librairie centrale, 1864.

Dolentia. — Paris, Librairie centrale, 1865.

Légendes du Limousin. — Paris et Tournai, Casterman, 1864, 1866 et 1876.

Limoges et le Limousin. — Paris et Tournai, Casterman, 1868 et 1875.

Quelques notes sur la surveillance légale, lettre à un député. — Paris, F. Henry, 1870.

Les Employés de Préfecture. — Paris, F. Henry, 1870.

L'Assemblée du 8 février et la Loi électorale. — Lyon, Josserand, 1871.

Un Journaliste Girondin. — Limoges, Sourilas-Ardillier, 1871.

De la Grève, du Travail et du Capital, conférence faite à une Association ouvrière de Lyon, le 30 mai 1870 (extrait de la *Décentralisation*). — Lyon, Josserand, 1871.

Questions électorales. — Paris, E. Lachaud, 1871.

Notes de Voyage (Mauvais jours, Ex intimo, Poésies diverses). — Paris, E. Lachaud, 1872.

La Crise des subsistances et les emprunts de la période révolutionnaire à Limoges (extrait de l'*Almanach limousin*). — Limoges, Vᵉ Ducourtieux, 1873.

Monuments historiques de la Haute-Vienne, rapport de la Commission de la Société archéologique et historique du Limousin (extrait du *Bulletin* de cette Société). — Limoges, Chapoulaud frères, 1874.

Assurances sur la Vie, notions pratiques. — Limoges, Vᵉ Ducourtieux, 1876.

Une page de l'histoire du Clergé français au xviiiᵉ *siècle. Destruction de l'ordre et de l'abbaye de Grandmont.* Carte des maisons de l'ordre. — Limoges, librairie Vᵉ Ducourtieux et Paris, librairie Champion, 1877. 1 vol. in-8º (*Épuisé*).

Rimes couleur du temps. — Paris, Dentu, 1877.

Sceaux et armes de l'Hôtel-de-Ville de Limoges. Sceaux et armes des villes, églises, cours, etc., des trois départements limousins. — Limoges, Chapoulaud, 1878.

Le Parti Girondin dans le département de la Haute-Vienne (extrait de la *Revue historique*). — Paris, 1878.

Les Pénitents (extrait de l'*Almanach limousin*). — Limoges, Vᵉ Ducourtieux, 1879.

Les Confréries de Pénitents en France et notamment dans le diocèse de Limoges. (avec un dessin) — Limoges, Vᵉ Ducourtieux, 1879.

Coutumes singulières de quelques confréries et de quelques églises du diocèse de Limoges. — Limoges, Chapoulaud frères, 1879.

Anciens registres des paroisses de Limoges. — Limoges, Chapoulaud frères, 1881.

France ! chants, poèmes et paysages (avec MM. G. David, A. Hervo, P. Micusset et A. Tailhand). — Paris, P. Ollendorff, 1881.

Les Hôtels-de-Ville de Limoges (extrait de l'*Almanach limousin*). — Limoges, Vᵉ Ducourtieux, 1882.

Le Livre de raison d'Etienne Benoist (1426). Avec un fac-similé. — *Ibid.*, 1882.

L'Orfévrerie limousine au milieu du xviiᵉ *siècle* (extrait du journal l'*Art*.) Paris, 1882.

Les Dettes de la ville de Limoges et le Conseil municipal. — Limoges, A. Ussel et G. Tarnaud, 1882.

L'Eau de ma Cave, deuxième lettre à la municipalité et au Conseil municipal. — Limoges, A. Ussel et G. Tarnaud, 1882.

Le Tombeau de Guillaume de Chanac, à Saint-Martial de Limoges (extrait du *Cabinet Historique*). Paris, Champion, 1882. — Réédition, Tulle, Crauffon, 1883.

La Famille limousine d'autrefois, d'après les testaments et la Coutume. — Limoges, librairies Vᵉ Ducourtieux et Leblanc, 1883.

Quelques notes extraites du Cartulaire d'Aureil. — Tulle, Crauffon, 1883.

Les Corporations de métiers en Limousin et spécialement à Limoges (extrait de la *Réforme sociale*). — Paris et Limoges, Ducourtieux, 1883.

OUVRAGES DU MÊME AUTEUR

Confréries de dévotion et de charité et les œuvres laïques de bienfaisance à Limoges, avant le XVe *siècle* (extrait du *Cabinet historique*). — Paris, Champion, 1885.

Le Prédicateur Menauld (extrait de l'*Almanach limousin*. — Limoges, Ve Ducourtieux, 1884.

Commentaires d'Etienne Guibert sur la Coutume de Limoges (1628 avec une note sur *les différents textes de cette Coutume*. Limoges, Société générale de papeterie, 1884.

Le Bénédictin Dom Col en Limousin. — Limoges, Ve Ducourtieux. 1884.

La Ligue à Limoges (1589). — Limoges, Ve Ducourtieux, 1884.

Journal du Consul Lafosse (1649). — Limoges, Ve Ducourtieux, 1884.

Registres Consulaires de la ville de Limoges, 1508-1790, publié sous les auspices de la Société archéologique et historique du Limousin : publication commencée par M. Émile Ruben, secrétaire général de cette Société et continuée par M. L. Guibert, vice-président, 6 vol. in-8°, 1867-1898.

L'Orfévrerie et les Orfévres de Limoges (dessins). — Limoges, Ve Ducourtieux, 1885.

La Corporation Limousine : ses caractères, son rôle, phases principales de son histoire. Rapport présenté au Congrès des œuvres catholiques tenu à Limoges (août-septembre 1885).— Extrait de *LaControverse et le Contemporain*.— Limoges, Ve Ducourtieux, 1885.

Sceaux et Armes des deux villes de Limoges et des villes, églises, cours, etc. Supplément. — Limoges, Ve Ducourtieux, 1885 (dessin de M. Bourdery).

Les Emigrés Limousins à Quiberon. — Limoges, Ve Ducourtieux, 1885.

Des formules de date et de l'époque du commencement de l'année en limousin. Tulle, Crauffon, 1886.

Les Enclaves Poitevines du diocèse de Limoges (carte). — Limoges, Ve Ducourtieux, 1886.

Les Foires et Marchés limousins aux XIIIe *et* XIVe *siècles* (extrait de l'*Almanach limousin*. — Limoges, Ve Ducourtieux, 1887.

Le Limoges d'autrefois, sa physionomie, ses habitants, ses mœurs, ses institutions. — Limoges, Ve Ducourtieux, 1887.

Châlucet (6 dessins de M. F. de Verneilh et plan). — *Ibid.*, 1887, un vol. in-8°.

Les Tours de Châlucet (6 dessins de M. F. de Verneill. et plan). — *Ibid.*, 1887.

La Société archéologique de Limoges à l'Exposition de Tulle, dessin de M. Louis Bourdery). — Limoges, L. Boyer et Ve Ducourtieux, 1887, in-18.

Le Budget de la ville de Limoges au moyen-âge — *Ibid.*, 1888, in-18.

La dette Beaupeyrat. — *Ibid.*, 1888, in-18.

Le Livre de Raison des Baluze. — *Ibid.*, 1888, in-8°.

L'orfévrerie et les émaux d'orfévre à l'Exposition de Limoges, en 1886. — *Ibid.*, 1888. in-8° (2 dessins).

Peintures murales de l'église de Saint-Victurnien. — *Ibid.*, 1888, in-8° (dessin).

L'Ecole monastique d'orfévrerie de Grandmont et l'autel majeur de l'église abbatiale. — *Ibid.*, 1888, in-8°.

Exposition rétrospective de Limoges, 1886. — Photographies par Mieusement, texte par L. Guibert (50 planches). Paris, G. Chamerot, in-fol., 1887.

Un mariage à Limoges en 1687. — Limoges, Ve Ducourtieux, 1887 (deux éditions).

Exposition de Limoges : L'Art rétrospectif, par MM. L. Guibert et Jules Tixier, — *Ibid.*, 1888 (104 planches).

Catalogue des manuscrits de la Bibliothèque communale de Limoges (t. IX du Catalogue général des manuscrits des Bibliothèques publiques de France. Départements). — Paris, Plon et Nourrit, 1888.

Le Graduel de la Bibliothèque de Limoges, (extraits du *Bulletin du Comité des travaux historiques*). — Paris, 1888.

Livres de raison, Registres de famille et Journaux individuels limousins et marchois. (publ. avec le concours de MM. A. Leroux, P. et J. de Cessac et l'abbé Lecler). — Limoges, Ve Ducourtieux et Paris, Alph. Picard, 1888.

Anciens statuts du diocèse de Limoges (extrait du *Bulletin du Comité des travaux historiques*).—Paris, E. Leroux, 1889.

L'Instruction primaire en Limousin sous l'ancien régime.—Limoges, V⁰ Ducourtieux, 1889.

Les Cahiers de la Marche et du Limousin en 1789. — Ibid., 1889.

Monuments historiques de la Haute-Vienne. Rapport de la Commission nommée par la Société archéologique du Limousin. — *Ibid.*, 1889.

Association des anciens élèves du Lycée de Limoges. Banquet du 27 novembre 1889. Toast au Lycée de Limoges. — *Ibid*, 1890.

Notice sur le Cartulaire de l'abbaye cistercienne d'Obazine. — Tulle, Crauffon, 1890.

Les syndics du commerce à Limoges. — Limoges, V⁰ Ducourtieux, 1890.

Les communes en Limousin, du xⁱⁱᵉ au xvᵉ siècle (extrait de la *Réforme*).— *Ibid.*, 1891.

La commune de St-Léonard de Noblat au xⁱⁱⁱᵉ siècle (plan). — Limoges, V⁰ H. Ducourtieux, et Paris, Alph. Picard, 1891.

Les Institutions privées et les Sociétés d'économie, d'épargne et de crédit à Limoges (extrait de la *Réforme sociale*). — Paris, Société d'Économie sociale, 1891.

De l'importance archéologique des Livres de raison (Congrès de la Société française d'archéologie tenu à Brive en 1890). — Caen, Henry Delesques, 1892.

Le troisième mariage d'Etienne Benoist. — Limoges, Ducourtieux, 1892.

Les Manuscrits du Séminaire de Limoges (notice et catalogue). *Ibid.*, 1892.

La monnaie de Limoges — *Ibid.*, 1893.

Collections et collectionneurs Limousins : la collection Taillefer. — *Ibid.*, 1893 (un dessin de M. Jules Tixier).

Les premiers imprimeurs de Limoges. — *Ibid.*, 1893.

Luron : topographie, archéologie, histoire (plan). — *Ibid.*, 1893.

Reliquaires Limousins : types, formes et décor. — Tulle, Crauffon, 1895.

Nouveau recueil de Registres domestiques Limousins et Marchois, avec le concours de MM. Alfred Leroux, J.-B. Champeval, l'abbé Lecler et Léonard Moufle. Tome Iᵉʳ. — *Ibid.*, 1895.

Ce qu'on sait de l'enlumineur Evrard d'Espinques. — Guéret, Amiault, et Limoges, V⁰ H. Ducourtieux, 1895.

Les anciennes confréries de la basilique de Saint-Martial. — *Ibid.*, 1895.

Le Consulat du Château de Limoges au moyen âge. — *Ibid.*, 1895.

Reliquaires limousins, types, formes et décors. — Tulle, Crauffon, 1895.

Ce que coûtait au xivᵉ siècle le tombeau d'un cardinal.—Paris, Plon, Nourrit et Cⁱᵉ, 1895

Le Consulat du Château de Limoges au moyen âge. — Limoges, V⁰ Ducourtieux, 1895.

La Pierre dite de Saint-Martin, à Jabreilles. — *Ibid.*, 1896.

Prédicateurs et prédications d'autrefois. — Limoges, in-32, 1897.

Limoges qui s'en va : 1. Le quartier Viraclaud ; 2. Le Verdurier, Vieille-Monnaie, Arbre-Peint, Rafilhoux. (Extrait de la *Gazette du Centre*). — Limoges, Perrette, 1897.

Documents, analyses de pièces, extraits et notes relatifs à l'histoire municipale des deux villes de Limoges, deux volumes in-8 (tomes VII et VIII de la série : *archives anciennes* publiée par la Société des Archives historiques du Limousin). — Limoges, F. Plainemaison, in-8⁰, 1897. — Le second volume est sous presse.

Les archives de famille des Péconnet de Limoges. — Limoges, V⁰ Ducourtieux, 1898.

Les anciennes sépultures de l'abbaye de Saint-Martin-les-Limoges, et la crosse de l'archevêque Geoffroi. — Limoges, V⁰ Ducourtieux, 1898.

Un livre allemand sur le Limousin. (Extrait de la *Gazette du Centre*). — Limoges, imp. de la *Gazette du Centre*, 1898.

La Maison Nivet à Limoges. — Limoges, V⁰ Ducourtieux, 1898.

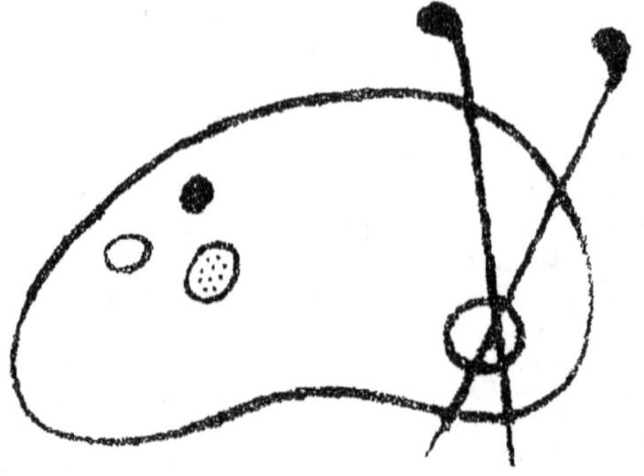

Fin d'une série de documents
en couleur

LES ÉVÊQUES DE LIMOGES

ET LA PAIX SOCIALE

LES
ÉVÊQUES DE LIMOGES
ET LA PAIX SOCIALE

PAR

Louis GUIBERT

Secrétaire général de la Société archéologique et historique
du Limousin

LIMOGES

IMPRIMERIE-LIBRAIRIE LIMOUSINES

Vᵉ H. DUCOURTIEUX

7, RUE DES ARÈNES, 7

—

1898

LES ÉVÊQUES DE LIMOGES

ET LA PAIX SOCIALE

Parmi les nombreux documents relatifs à l'histoire de notre
province qui se sont accumulés dans le riche dépôt d'archives du
département des Basses-Pyrénées, nous notions il y a quelque temps
(série E, liasse 610), une modeste bande de parchemin conservant
le texte d'un de ces petits traités, assez fréquents en somme au
moyen-âge entre seigneurs voisins souvent en guerre, et ayant
pour but d'atténuer, dans la mesure du possible, les maux que
d'incessantes hostilités déchaînaient sur les pauvres gens de la
campagne, toujours victimes des querelles des puissants.

Il s'agit d'une convention conclue le 31 janvier 1229 (2 des
calendes de février 1228 vieux style) et par laquelle Hugues X de
Lusignan, comte de la Marche et d'Angoulême, d'une part, et
Gui VI, vicomte de Limoges, de l'autre, s'engagent avec serment à
laisser en paix les hommes travaillant dans les champs ou allant et
venant sur les chemins avec leurs récoltes et leurs marchandises,
à ne plus allumer d'incendies et à n'enlever ni les bœufs de labour,
ni les instruments aratoires, ni les troupeaux.

Cette pièce, d'une assez mauvaise écriture, se lit sur un tout
petit morceau de parchemin (0^{m}162 mill. sur 0^{m}079) n'ayant gardé
aucun vestige des sceaux qu'y apposèrent les contractants. L'accord
est ainsi conçu :

« Hugo de Leziniaco, comes Marchie et Engolisme, [et] Guido, vicecomes Lemovicensis, universis has litteras inspecturis in Domino salutem.
Noverint universi quod, cum inter nos venerabiles patres Simo, Bituricensis archiepiscopus, et Guido, Lemovicensis episcopus, composuissent

de guerra quam ad invicem habebamus, nos, ad mandatum ipsorum et requisicionem, promisimus servaturos, sub virtute prestiti juramenti, treugam inter nos inhitam per bone memorie B. quondam Lemovicensem episcopum, defunctum, de non capiendis bobus aratoriis, ovvibus (?), hominibus in agricultura manentibus et per stratas publicas euntibus et merces deferentibus, et aratris : insuper promittentes quod ab incendiis faciendis nobis de cetero caveremus (1), et juramentum quod propter hoc in manu dicti episcopi defuncti fecimus, servaremus. Datum ii kalendas februarii, anno Domini M° CC° XX° octavo. »

Il résulte des termes très précis de cette convention, que celle-ci a été, pour employer les termes mêmes de l'acte, conclue sur « l'injonction et la mise en demeure » — *mandatum et requisitionem*, — de deux prélats, intervenus pour rétablir la paix entre les stipulants. Ces deux personnages nous sont connus. Simon I, de Sully, fut archevêque de Bourges de l'an 1218 au 8 août 1232, date de sa mort. Ce fut lui qui assista le roi Louis VIII à ses derniers moments et que le souverain fit dépositaire de ses instructions pour le couronnement de son successeur. Commissaire apostolique, il avait réussi, en 1223, à apaiser pour un temps les querelles qui déchiraient l'ordre de Grandmont. Quant à l'évêque Gui II du Cluzeau, il occupa le siège de Limoges de 1226 à 1235. Il avait été chanoine de Saint-Yrieix, puis archidiacre, et se trouvait, lorsqu'il fut élu, dans un âge fort avancé : il prétendait, s'il faut en croire Bernard Gui, n'avoir pas moins de cent quarante ans... Sous son épiscopat commença la longue lutte des prélats qui occupèrent successivement la chaire de Saint-Martial, avec la commune de Saint-Léonard-de-Noblat, lutte dont nous avons donné ailleurs le récit (2). Les évêques, tout en travaillant à la paix et à l'union générales, n'en étaient pas moins obligés de faire parfois la guerre pour leur compte. Seigneurs féodaux, dépositaires viagers de droits qu'ils avaient l'obligation de remettre intacts à leurs successeurs, ils devaient veiller à la conservation des biens temporels de leur siège, et les défendre par la force, quand il en était besoin, dans un temps où le droit avait souvent besoin de recourir à la force pour se faire reconnaître et respecter.

Le comte de la Marche et le vicomte de Limoges ne font, dans l'instrument reproduit plus haut, que renouveler les engagements pris par eux, à une date antérieure, entre les mains d'un autre

---

(1) *Nobis caveremus*, nous nous garderions, nous nous abstiendrions.
(2) *La commune de Saint-Léonard-de-Noblat au XIIIe siècle.* Limoges, Ve Ducourtieux, et Paris, A. Picard, 1891.

prélat, Bernard de Savène (1). Celui-ci, qui suivit Louis VIII dans le Midi et mourut à l'armée, devant Avignon, fut le prédécesseur de Gui du Cluzeau ; c'est à son instigation qu'avait été conclue une trève entre les deux remuants voisins.

Le vicomte Gui V, père du jeune Gui VI, un des contractants de 1229, avait cessé de vivre à une date très rapprochée de celle de la mort de l'évêque Bernard de Savène, et il est fort possible que la trève due aux efforts de ce prélat et rappelée à notre texte, eût été conclue, non avec Gui VI ou sa mère et tutrice Ermengarde, mais avec Gui V lui-même. Peu importe, au surplus.

Le grand ministère social d'union et de paix rempli par l'Eglise durant tout le moyen âge est un des faits les mieux établis de notre histoire. On ne le conteste guère et bien peu l'ignorent. Sans cesse dans les guerres, dans les querelles, le clergé intervient, tente des rapprochements, cherche à éviter l'effusion du sang, s'efforce tout au moins de réprimer les crimes, de diminuer les violences et de restreindre les maux qui résultent pour la population pauvre et laborieuse des conflits entre les seigneurs.

Notre histoire limousine atteste, plus que celle d'aucune autre province peut-être, avec quel zèle, avec quelle énergie et quelle persévérance l'Eglise s'est parmi nous acquittée de cette mission, si conforme aux enseignements de son divin fondateur.

Dès les premiers siècles, nos évêques se montrent en toute occurrence les protecteurs dévoués et courageux, les patrons puissants du troupeau qui vit sous leur crosse ; ils semblent avoir souvent suppléé à l'absence ou à la faiblesse des comtes établis par les rois mérovingiens pour « maintenir dans la paix » les populations. Aux jours mauvais, on les trouve toujours là. Quand les habitants de Limoges se soulèvent contre les agents du fisc qui réclament, dans une année de disette, la lourde taxe imposée sur les vignes par le roi Chilpéric Ier, — entre la colère du prince et la population épouvantée des conséquences de sa révolte, l'Eglise se dresse, tendant les mains vers le ciel et implorant, au nom de la miséricorde de Dieu, la clémence du fils de Clotaire. Deux hommes élèvent la voix : c'est l'évêque Ferréol, c'est le solitaire Aredius. Et malgré le caractère violent du roi, les résistances de son entourage, la nécessité de faire respecter une autorité encore mal

(1) L'habitude s'est établie d'écrire ainsi ce nom, dont l'orthographe véritable serait sans doute Savennes. C'est le nom d'un bourg, aujourd'hui chef-lieu de commune, canton de Guéret.

établie, ils finissent par obtenir non seulement le pardon pour les coupables, mais la suppression de l'impôt qui a excité la rébellion.

Nous savons peu de chose des invasions successives qui passèrent comme un torrent sur la contrée ; mais du souvenir de la dernière de ces invasions, celle des Sarrazins, un nom est resté inséparable, celui d'un autre successeur de saint Martial, de Cessateur, qui, raconte le naïf auteur de nos *Annales manuscrites*, « batailha longuement » contre « les infidelles Vuandalles ». Pour défendre les foyers placés sous leur garde, ces hommes de paix n'hésitaient pas à armer leur troupeau et à marcher à sa tête. Les siècles qui suivirent devaient être plus d'une fois témoins de ce spectacle.

Du sixième au onzième siècle, à travers la confusion et les violences de la conquête franque, de la lutte entre les princes rivaux, et plus tard, de la période d'organisation du régime féodal, les évêques apparaissent comme les champions de l'humanité, de la justice et de la pitié. Pour ne parler que de ceux qui se sont assis sur le siège de l'apôtre d'Aquitaine, on les voit prendre part à toutes les grandes assemblées tenues dans la région et d'où sortent ces protestations énergiques contre les excès de tout genre, ces adjurations aux puissants, ces vigoureux anathèmes atteignant les coupables, si haut placés soient-ils, ces règlements et ces pactes qui doivent enfin amener l'établissement de la *Trêve de Dieu*. Le concile de Charroux paraît avoir, vers 988, non peut-être inauguré, mais accentué, dans notre Aquitaine, cette campagne méthodique en quelque sorte et concertée, succédant à des efforts isolés, qui sans doute avaient abouti à de médiocres résultats. L'évêque de Limoges est là, avec cinq autres prélats de la province, et il lance avec eux les excommunications de l'Eglise contre les seigneurs inhumains, contre les enfants d'iniquité qui dépouillent le laboureur des fruits de son travail, lui enlèvent les animaux nécessaires à sa culture ou à sa subsistance(1).

Nouvelle réunion vers l'an 1000 (2), à Poitiers. Là encore nous

---

(1) *Si quis agricolarum cœterorumve pauperum prœdaverit ovem aut bovem, aut asinum, aut vaccam, aut capram, aut hircum, aut porcos, nisi per propriam culpam, si emendare per omnia neglexerit, anathema sit....* (Labbe : *Nova bibl. manuscriptorum librorum. Rerum Aquitanicarum collectio*, t. II, p. 764).

(2) La date de ce concile n'est pas exactement connue : mais on peut la fixer d'une manière approximative entre 1000 et 1005. Voici d'ailleurs les dates de l'élection et de la mort ou du transfert à d'autres sièges, des prélats nommés à la courte notice qui nous en a été conservée : Séguin, archevêque de Bordeaux (999 † vers 1015); Gislebert, évêque de Poitiers (975-1018); Hilduin, de Limoges (990 † vers 1012); Grimoard, d'Angoulême (992-1012); Islon, de Saintes (999-1028).

constatons la présence du successeur de saint Martial, Hilduin. Les adjurations et les anathèmes du concile de Charroux sont renouvelés. Les prélats invitent les barons à régler leurs différends sans violences réciproques, sans incursions, sans pilleries, à se donner réciproquement des otages en garantie de leurs conventions et à ne pas enfreindre les défenses de l'Eglise, menaçant ceux qui violeront la loi de la paix, de tourner contre eux toutes les forces des seigneurs, ecclésiastiques ou laïques, jaloux de la maintenir et résolus à la faire respecter (1).

A Limoges, en 1031, s'assemble un concile célèbre : dix évêques et nombre d'abbés sont présents. Le prélat qui occupe alors le siège de Saint-Martial appartient à une de nos plus rudes races féodales, à une de celles qui ont, semble-t-il, grandi à la faveur de la confusion et de la détresse générales. Mais en revêtant la livrée de l'Eglise, ce fils d'une lignée belliqueuse est devenu soudain pacifique. Jourdain de Laron a eu recours à ses frères de l'épiscopat pour triompher des obstacles qu'il rencontre dans son ministère. Il ouvre la session, dans le chœur de l'église cathédrale, en souhaitant la bienvenue aux prélats et en appelant leur sollicitude sur les divers sujets qui vont être proposés à l'assemblée. On discute en premier lieu les questions ayant trait à l'état ecclésiastique. Puis l'évêque de Limoges reprend la parole :

« Je vous confie, vénérables prélats, et vous tous, ministres du Seigneur, les tristesses de mon âme. J'accuse devant vous les puissances laïques de mon diocèse qui, loin de laisser l'Eglise en paix, ravissent les biens du sanctuaire et maltraitent, avec les serviteurs de l'autel, les pauvres dont le ciel m'a remis la défense. Et moi, leur pasteur à tous, quand j'élève la voix au nom de la paix, ces seigneurs refusent de m'écouter (2) ».

(1) *Veniant ante principem ipsius regionis, vel ante aliquem ipsius pagi judicem. Et qui sub districtione justitiæ stare noluerit, princeps vel judex ipsius rei aut justitiam faciat, aut obsidem perdat. Et si justitiam facere non potuerit, convocet principes et episcopos qui concilium instituerunt, et omnes unanimiter in destructionem et confusionem ipsius pergant, etc.* (Labbe, t. II, p. 765.)

(2) *Dolorem cordis mei patefacio, o venerabiles episcopi, et reliqui ministri Domini, et clamorem facio de sæcularibus potestatibus parochianis meis, qui ecclesiam Dei quietam esse non sinunt, res sanctuarii pervadunt, pauperes mihi commissos et ecclesiæ ministros affligunt, et me, qui eorum pastor sum, de pace audire nolunt (Ib., 766.)*

Et les prélats répondent tout d'une voix :

« Qui entrave votre ministère, quel qu'il soit, encourra la sentence de l'Eglise : il est de la justice que ceux qui s'opposent à vos pacifiques efforts soient retranchés de la communion des fidèles. Celui qui persécute votre troupeau, vous persécute, et qui vous persécute est le persécuteur du Christ lui-même, de qui tous les évêques, ses délégués, tiennent leur mission. Il mérite donc la sévérité de Dieu et les condamnations de l'Eglise, et notre assemblée le frappera d'un juste anathème jusqu'au jour où, reconnaissant sa faute, il aura fait pénitence pour son propre salut (1). »

Dans la basilique du Saint-Sauveur, à la messe solennelle, c'est encore Jourdain, qui, après l'Evangile, se tourne vers le peuple et lui adresse un pressant appel : « C'est pour vous apporter la paix, dit-il, que mes vénérables frères, pasteurs des églises voisines, sont ici. Ils m'ont vu plier sous le fardeau ; ils ont voulu m'aider dans ma tâche. Leur but, en s'assemblant dans cette ville, est le but même qu'eut Jésus-Christ en descendant sur la terre : vous donner le salut et la paix (2). Aussi leur voix et la mienne s'unissent elles pour vous prier, pour vous enjoindre, au nom du Seigneur Jésus, de ne vous montrer aucun rebelles à nos supplications. Que nul ne demeure en dehors du Concile, que nul ne s'excuse ou ne se défende de lui donner son concours ; mais que tous les seigneurs, chefs des peuples de la province Limousine, se présentent à nous demain ou après demain, avec un esprit et une volonté pacifiques (3). Que nul ne s'éloigne de notre assemblée sans notre consentement. Parmi ceux qui prendront part à nos réunions, que nul n'essaie de nuire à son ennemi, soit dans les

---

(1) *Omnes episcopi uno ore dixerunt ; Qui conturbat vos, portabit judicium, quicunque est ille : dignum est enim ut tales qui vobis contraire præsumunt, ab Ecclesiæ communione abscindantur. Nam quicunque vobis subditos conturbant, vos conturbant ; qui autem vos conturbant, Christum conturbant, cujus vice episcopi legatione funguntur : idcoque severitate divinæ et apostolicæ districtionis digni sunt, et a nostro concilio justo anathemate plectandi, quousque fructuose pœnitendo resipiscunt (Ibid.)*

(2) *Ecce propter vestram pacem, dilectissimi, hic adsunt pastores ecclesiarum, sancti fratres nostri episcopi, qui ad sublevandum onus mei ponderis et vos salvandos atque pacificandos dignati sunt ad hanc urbem convenisse, sequentes Domini nostri J.-C. exemplum, etc. (Ibid.)*

(3) *Omnes principes, capita populorum ex Lemovicensi provincia, in crastinum et tertium diem ad nos cum pace conveniant, eto. (Ibid.)*

biens de celui-ci, soit dans sa maison, soit durant son séjour dans
cette ville, soit lors de son retour dans ses foyers, et pendant
sept jours après son retour. Que nul n'excite de tumulte dans
nos assemblées, au dedans de la ville ou au dehors. Que nul ne
prenne de force quoi que ce soit ; que nul ne provoque, comme
c'est trop l'ordinaire, quelque adversaire au combat ainsi qu'il
pourrait le faire pour de justes griefs. Que nul n'entreprenne
d'expédition ou de chevauchée ; mais que tous cherchent la paix et
rien que la paix (1). Dieu nous l'accordera peut-être, car ce Concile
est vraiment l'assemblée convoquée par le Seigneur pour rétablir
la concorde et pour consoler notre sainte mère l'Eglise. A qui
observera nos injonctions, au nom de notre Seigneur Jésus-Christ
et de ses saints apôtres, nous accordons, comme à un vrai fils de
la paix, à un enfant de Dieu, l'absolution de ses fautes et la béné-
diction éternelle. Le Seigneur a jadis daigné donner à saint Pierre,
à ce bienheureux Martial dont les restes sacrés sont là, sous nos
yeux, et aux autres apôtres, le pouvoir et l'autorité de lier et de
délier. Qu'il daigne aujourd'hui, malgré notre indignité, délivrer
des liens du péché tous ceux qui s'empresseront d'observer la
justice et la paix, obéissant ainsi au Ciel et à nous, ses représen-
tants. Ceux qui n'accepteront pas la paix que nous leur offrons
seront les suppôts du diable, non les fils de Dieu ; sur eux s'abattra
l'anathème dont la formule va vous être lue (2), et cette paix que
nous leur offrons et dont ils n'auront pas voulu, nous reviendra,
comme a dit le Seigneur dans son Evangile : « S'il est fils de la
» paix, votre paix reposera sur lui : sinon, elle reviendra à vous ».

Alors, sur l'ordre des Evêques, le diacre qui a lu l'Evangile,
monte à l'ambon, au devant de l'autel, et donne lecture au peuple
de la sentence d'excommunication. Celle-ci a une sauvage énergie
qu'il serait dommage d'atténuer en y changeant un seul mot :

« De l'autorité de Dieu, du Père Tout Puissant, du Fils et du
Saint-Esprit ; de la Sainte Mère de Dieu, Marie ; de saint Pierre,
prince des apôtres ; de saint Martial, des autres apôtres et de tous
les saints de Dieu, — Nous, Evêques assemblés au nom de Dieu et
unis de cœur et d'esprit pour l'accomplissement de notre ministère:
Aymon, archevêque de Bourges ; Jourdain, évêque de Limoges ;
Etienne, du Puy ; Rencon, de Clermont ; Raymond, de Mende ;

____

(1) *Nullus hic expeditionem neque equitatum ineat aliquando agen-
dum; sed nihil hic aliud quam pacem quispiam inquirat* (Labbe, II, 782).

(2) *Qui autem pacem nostram non susceperint, tanquam non Deum,
sed diabolum sequentes, huic damnationi, quam modo coram recitare
jubebimus, subjacebunt, etc.*

Emile, d'Albi ; Dieudonné, de Cahors ; Esimbert, de Poitiers ;
Ainard, de Périgueux ; Roon, d'Angoulême, nous excommunions
les chevaliers ⸱ ce diocèse de Limoges qui refusent ou auront
refusé de déférer à l'injonction de leur évêque, d'adhérer au pacte
de paix et de justice qu'il leur a proposé ! Maudits soient ils et
maudits ceux qui les aident à faire le mal ! Maudites leurs armes !
Maudits leurs chevaux ! Leur place sera avec Caïn qui a tué son
frère, avec Judas qui a livré le Christ, avec Datan et Abiron,
engloutis vivants dans l'Enfer. Et comme les lumières que voici
vont s'éteindre à vos regards, ainsi s'éteindra leur joie, en présence des saints anges consolateurs de l'agonie, si avant l'heure
de la mort ils ne se sont soumis au jugement de leur pasteur, et
s'ils n'ont réparé leurs iniquités et fait pénitence (1) ».

Et tous les évêques, tous les prêtres, jettent à terre les cierges
allumés qu'ils tenaient à la main, et le peuple saisi d'épouvante
s'écrie : « Ainsi Dieu éteigne la joie de ceux qui refusent d'embrasser la cause de la paix et de la justice ! (2) »

Nous avons tenu à donner la traduction littérale du texte qui
nous a été conservé et à mettre pour ainsi dire sous les yeux du
lecteur la scène avec toute sa rudesse et aussi avec toute sa
grandeur.

Les successeurs de Jourdain continuèrent une si noble tradition.
Nous avons eu occasion de faire ailleurs ressortir les services
rendus à la paix sociale par nos évêques et de dire à quel point les
chefs du clergé Limousin s'étaient montrés fidèles à la haute mission
revendiquée alors par l'Eglise et si admirablement remplie par
elle sur tous les points de l'Europe (3).

---

(1) *Ex auctoritate Dei Patris omnipotentis et Filii, et Spiritus sancti...
Nos episcopi in nomine Dei spiritualiter congregati... excommunicamus
illos milites de isto episcopatu Lemovicensi qui pacem et justitiam episcopo
suo firmare, sicut ipse exigit, nolunt. Maledicti ipsi, et adjutores eorum
in malum ! Maledicta arma illorum, et caballi eorum ! Erunt cum Caïn
fratricida et cum Juda traditore, etc. Et sicut hæ lucernæ exstinguuntur
in oculis vestris, ita gaudium eorum exstinguetur in conspectu sanctorum
angelorum, etc.*

(2) *Omnes episcopi et presbyteri candelas ardentes manibus tenentes,
mox eas in terram projicientes, extinxerunt. Ad quod verbum cor
populi valde expavit, et omnes clamaverunt, dicentes : « Sic exstinguat
Deus lætitiam eorum qui pacem et justitiam suscipere nolunt ! »*

(3) *Les dettes de la ville de Limoges et le Conseil municipal* (Limoges,
A. Ussel et G. Tarnaud, 1882). — *Les Communes du Limousin, du douzième au quinzième siècle* (Paris, au secrétariat de la Société d'Economie
sociale, 1891), etc.

La tâche qui sera dévolue plus tard aux Sénéchaux du Roi, aux Gouverneurs, aux Etats Provinciaux, spontanément, les évêques l'assument : à leur appel tout le monde obéit ; seuls du reste ils ont assez d'autorité, de ressources, d'indépendance, de persévérance pour la remplir. On voit Eustorge intervenir dans les luttes farouches entre Adémar de Limoges et Gaucelin de Pierrebuffière. C'est en sa présence que les deux seigneurs se rencontrent au tombeau de saint Martial et jurent de tenir l'accord conclu entre eux au sujet de la grosse tour de Pierrebuffière (1). Quarante ans plus tard, c'est Gérald du Cher qui préside une assemblée de tous les grands seigneurs de la province, convoqués pour mettre fin à de nouvelles hostilités (2).

Plus tard encore, Sébrand Chabot intervient pour traiter de la délivrance du vicomte de Turenne, enlevé en plein jour par un bourgeois de Martel.

La seconde moitié du douzième siècle est, dans notre région, une période de guerres et de troubles. La violence des Plantagenets, que le mariage de l'épouse répudiée de Louis VIII avec le comte d'Anjou a implantés dans l'Aquitaine, leurs ambitions inquiètes, leurs incessantes querelles de famille mettent le pays en feu et y attirent des bandes d'aventuriers : routiers, brabançons, basques, ribauds, paillers, l'écume de l'Europe, vivant de pillage et de rapine. Le biographe de saint Etienne d'Obazine et d'autres écrivains de l'ordre monastique, nous peignent ces bandes de brigands, ces « barbares », parcourant le pays en tous sens, se livrant à tous les excès, renouvelant les exploits des Normands. Les paysans fuient devant ces bandits, emmenant avec eux leur famille et leurs troupeaux, cherchant un refuge dans les monastères (3).

(1) *Venerunt ambo in sepulcro sancti Martialis, et, præsente Eustorgio episcopo et abbate Amlardo, in conspectu innumerabilium virorum juravit alter ad alterum fidelitatem. (Chronique du prieur de Vigeois. Hist. de France, t. XII, p. 433).*

(2) *Chronique de Vigeois.*

(3) *Tempore barbaricæ persecutionis, cum iidem barbari totam hanc regionem longe lateque vastabant, rustici, cum uxoribus et filiis atque pecoribus, barbaros effugientes, nostrum monasterium expetebant.* (Baluze : *Miscellanées*, I, 165). Et au fol. 210 du *Cartulaire d'Obazine*, il est dit qu'en échange de certaines libéralités, l'abbé promet aux habitants de Chaillac, près Chamboulive, de les recueillir et de leur donner la subsistance *prout tempus dictaverit barbarorum hominum supervenientium in terram eorum.*

La confusion et l'épouvante sont partout, et la misère des habitants des campagnes atteint les extrêmes limites.

Contre ces hordes le clergé prêche une véritable croisade. L'évêque Gérald du Cher est âgé ; ses yeux sont fermés à la lumière. N'importe, il remplit sa mission en empruntant la voix d'un interprète : c'est Isembert, le nouvel abbé de Saint-Martial, qui, le dimanche des Rameaux, appelle le peuple aux armes. Puis il va prendre le prélat à Grandmont ; celui-ci se joint à lui, et accompagne l'expédition. Et c'est un véritable épisode de nos héroïques chansons de gestes, que la chevauchée de ce vieil évêque aveugle, s'avançant entouré de clercs, au milieu des troupes, donnant à ces soldats improvisés, par sa présence et ses encouragements, confiance dans l'aide du ciel et dans leur propre courage.

Les Limousins rencontrent les Brabançons à Malemort. Gérald du Cher et Isembert assistent à la bataille. Le vicomte de Limoges commande le premier corps ; Archambaud de Comborn le second, Olivier de Lastours et Eschivat de Chabanais les deux derniers. Les routiers sont taillés en pièces. Deux mille cadavres jonchent la terre entre Malemort et Brive (21 avril 1177) (1). Le pays est délivré pour quelque temps des Brabançons.

Mais de nouveau les fils du roi d'Angleterre se révoltent contre lui, et de nouveau les deux partis prennent à leur solde ces « légions infernales » (2) qui encore une fois parcourent toute la province, pillant, brûlant, massacrant. L'Eglise cherche comme toujours à séparer les combattants : l'evêque de Nevers et l'abbé de Cluny arrivent au camp d'Henri le Jeune, porteurs d'une lettre du Souverain Pontife. Ils trouvent le prince à l'agonie, mais témoignant de son repentir et demandant à embrasser son père. Le « roi jeune » meurt dans les sentiments les plus édifiants de piété et de repentir.

Pour chasser les bandes de pillards qui infestent la contrée, l'Église a fait sortir de terre une armée. Un pauvre charpentier du Puy crée, sous le patronage de son evêque, la grande ligue des *Pacifères*. Tout homme qui s'y fait aggréger, s'engage à marcher à l'ennemi, avec ses confrères, quand l'ordre lui en sera donné (3). Il jure d'établir le règne de la paix sur la terre, et est prêt à donner son sang pour cette noble cause (4). En divers lieux, les membres de

---

(1) *Chron. du prieur de Vigeois* (Labbe, II, p. 323). Le texte porte : *undecimo calendas aprilis ;* mais le P. Labbe corrige : *maii.* L'éditeur des *Historiens de France*, XII, 446, également.

(2) *Tartareas legiones.*

(3) *In hoste[m] cum confratribus, cum jussus fuerit, perget.* (*Chron. de Vigeois.*)

(4) *A militibus qui paciferi appellantur, eo quod pacem facere juravissent.* (*Ib.*)

cette nouvelle association attaquent les routiers. A leur voix partout la population se lève et court sus à ces brigands ; ceux-ci éprouvent, à Dun en Berri, le 30 juillet 1183, une grande défaite : dix mille des leurs, s'il faut en croire la Chronique de Vigeois, restent sur le carreau. Les pacifères et une troupe de Limousins se sont distingués dans l'action (1). Un peu auparavant, l'évêque Sébrand Chabot, qui, « voyant destruire ses diocezains par ces pillards » (2) et « ayant compassion » de l'état de son troupeau, avait appelé les seigneurs et les « communes » aux armes, joignit à Ahun, le jour de Pâques, une petite armée de six mille brigands, la mit en déroute, poursuivit les restes de la bande à travers la Combraille et en fit un grand carnage (3).

Déjà les évêques de Limoges étaient devenus les auxiliaires puissants du roi de France et les plus énergiques champions de sa politique dans leur diocèse (4). Sébrand Chabot avait été, dès le lendemain de son élection, en butte à l'hostilité des Plantagenets. Son successeur, Jean de Veyrac, fut, jusqu'à sa mort, tenu par eux pour un ennemi et traité en conséquence. Il avait suivi les exemples de Gérald du Cher et de Sébrand. On l'avait vu, en 1204, convoquer les seigneurs, les prélats et les petites gens de la province pour chasser du château et la ville de Noblat les routiers qui s'y étaient établis et qui de là étendaient leurs ravages sur toute la contrée. Par là, dit Coral, « le bras du roi d'Angleterre avait été brisé » (5). Jean Sans-Terre et son fils Henri III ne l'oublièrent jamais. Lors du retour offensif du premier, les domaines de l'évêque furent saisis, et Jean de Veyrac, banni de son diocèse, alla mourir en Terre-Sainte.

Il était souvent intervenu dans les querelles locales pour les pacifier ou en réprimer les excès : en 1203 et 1212, entre les consuls du Château de Limoges et l'abbé de Saint-Martial ; en 1210,

(1) *Chron. de Vigeois*, ap. Labbe, II, 338. *Historiens de France*, t. XVIII, p. 219. La date du 29 juillet 1184 est donnée ailleurs.

(2) *Annales manuscrites de Limoges*, Vᵉ Ducourtieux, 1872, p. 171.

(3) La bataille fut engagée le jour de Pâques, après la communion, dit le chroniqueur. — Coral et ses éditeurs avec lui rapportent cet événement au 28 mars 1182, date beaucoup plus vraisemblable que celle de Pâques 1184 ou 1886, indiquée par d'autres auteurs. (*Gallia christiana*, t. II, 526. — *Annales manuscrites*, p. 171, 172).

(4) Voir notre étude sur *La commune de Saint-Léonard de Noblat au treizième siècle*. Limoges, Vᵉ Ducourtieux, 1891.

(5) *Chron. de Pierre Coral* (*Historiens de France*, XVIII, 239). Voir aussi *Chron. de Maleu*, publiée par M. l'abbé Arbellot,

entre le chapitre de la Cathédrale et les bourgeois de la Cité (1). Il n'avait fait en cela, du reste, que suivre les traces de Sébrand Chabot, arbitre, en 1188, entre le Pénitencier et les Arnaudins, au sujet d'un différend concernant les moulins du pont Saint-Etienne (2).

La petite convention dont nous donnons le texte au commencement de cette étude, nous montre Bernard de Savène et Gui du Cluzeau, successeurs de Jean de Veyrac sur le siège de saint Martial, continuant l'œuvre de leurs devanciers. Bientôt éclate la querelle entre le vicomte de Limoges et la commune du Château. Une lutte s'engage, dans laquelle les bourgeois, tantôt vaincus, tantôt vainqueurs, ne succomberont définitivement qu'au bout de trois siècles. La première phase de cette lutte, la période héroïque, dure vingt-cinq ans. Elle fournit à l'évêque Aymeric de la Serre l'occasion de manifester son dévouement à ses ouailles et son zèle pour la paix. Le prélat cherche à s'interposer entre les deux parties. Avec le concours du sénéchal du roi d'Angleterre, il réussit d'abord à faire conclure une trève, et à obtenir, en 1260 ou 1261, que Gui VI et les consuls remettent le jugement de l'affaire à l'arbitrage de saint Louis (3). A la mort du vicomte, la lutte se complique de la révolte des chevaliers et des bourgeois d'Aixe contre sa veuve, Marguerite de Bourgogne, tutrice de l'héritière de la vicomté. Les soldats de Marguerite mettent le siège devant Aixe. Désireux d'arrêter les hostilités, l'évêque se rend au milieu des troupes de la vicomtesse, accompagné des abbés de Saint-Martial, de Saint-Martin, de Saint-Augustin et d'autres ecclésiastiques et religieux. Les soldats l'insultent et le menacent ainsi que sa suite ; des cris de mort sont proférés contre lui ; un religieux de sa suite, le prieur des Dominicains, est frappé, et les négociateurs doivent se retirer en toute hâte pour se soustraire à des violences plus graves encore (4). Le prélat continue cependant ses

(1) Voir notre recueil de *Documents relatifs à l'histoire municipale des deux villes de Limoges*, t. VII et VIII de la série : *Archives anciennes* des publications de la Société des Archives historiques du Limousin. Limoges, F. Plainemaison, 1897, t. I, p. 6, 119, 121.

(2) *Ibid.*, p. 1.

(3) *Ibid.*, p. 163, et Bibliothèque nationale, manuscrit latin 17118, p. 198.

(4) *Dominus episcopus Lemovicensis Aymericus, cum abbatibus sancti Martialis, sancti Augustini et sancti Martini, in die Pentecostes, venit a Bainac, ubi erat exercitus, tractaturus de pace. Et tunc ribaudi dicti exercitus in ipsum dominum episcopum irruerunt, et priorem Fratrum Predicatorum egregie verberaverunt, quod de aliis fecissent nisi fuyissent. Et ad mortem episcopi clamabant* (Coral, ap. *Historiens de France*, t. XXI, p. 772.

efforts pour aboutir à un arrangement. La vicomtesse ne veut rien entendre. Elle fait occuper les principales forteresses des environs de Limoges et tient les bourgeois comme assiégés : De Châlucet surtout ses soldats surveillent et commandent la campagne, battant les routes, dépouillant les voyageurs, rançonnant les marchands, pillant les paysans. Aymeric de la Serre, ne pouvant rien obtenir de Marguerite, convoque les communes : le fort est investi, pris et remis à l'abbé de Solignac, de qui il relève (1269 ou 70) (1). L'évêque meurt ; la vicomtesse réussit à rentrer en possession du redoutable château. Bravant la défense du roi de France comme les injonctions du roi d'Angleterre, duc d'Aquitaine, ses garnisons de Noblat et de Châlucet recommencent leurs courses et leurs déprédations. L'Eglise encore une fois intervient ; le chapitre de Saint-Etienne a les devoirs du chef du diocèse, avec ses pouvoirs : il frappe d'excommunication la vicomtesse et ses soldats (2).

Les hostilités néanmoins continuent. Le roi d'Angleterre, désireux d'y mettre un terme, vient à Limoges. Le 8 mai 1274 il fait son entrée dans le Château. Dès le lendemain de son arrivée, le Chapitre de la Cathédrale, les abbés de Saint-Augustin et de Saint-Martin, les Franciscains et les frères Prêcheurs se présentent devant lui, le suppliant de rétablir la paix (3). Après le départ d'Edouard, le clergé ne se décourage pas et reste jusqu'au bout fidèle à son admirable mission. Les religieux mendiants s'interposent, essaient d'obtenir de l'altière vicomtesse et des arbitres dont les bourgeois, abandonnés de tout le monde, ont dû se résigner à subir la sentence, des conditions meilleures, des atténuations, des délais (4).

L'action des évêques et du clergé en faveur de la paix a moins d'occasion de s'exercer dans la dernière période du moyen-âge. Saint Louis a partout établi des sénéchaux, et les sergents du roi, placés sous les ordres de ces hauts fonctionnaires, suffisent en général, grâce à l'adoucissement des mœurs et au progrès du pouvoir souverain, à faire la police et à maintenir la tranquillité. Quand les circonstances le réclament toutefois et que, les ordres des officiers royaux se trouvant méconnus, une voix plus haute

(1) *Annales manuscrites,* p. 204. Manuscrits n°s 5452 (fol. 23) et 11019 (fol. 112 et 269) du fonds latin de la Bibliothèque nationale.

(2) *Et multa mala faciebant, licet excommunicarentur a capitulo Lemovicensi vacante sede, et omnes illi quorum ope vel consilio fiebat.* (Chr. de Coral, *áp., Historiens de France,* t. XXI, p. 779.

(3) *Supplicantes quod apponeret consilium quod guerra non fieret Lemovicis cum vicecomitissa predicta* (*Ibid.,* p. 783).

(4) Voir les chroniques de Coral et de divers religieux anonymes de Saint-Martial.

doit se faire entendre au nom d'une autorité que nul ne peut discuter, les évêques reprennent le rôle qu'ils ont su jadis remplir avec tant de courage et de persévérance. Et quand Jean de Laigle, champion des droits de sa famille, fait revivre les prétentions et les violences de Marguerite de Bourgogne, nos évêques, comme Aymeric de la Serre cent cinquante ans auparavant, s'interposent pour arrêter les hostilités. Ils ne réussissent pas tout de suite. Gautier Pradeau expie sur l'échafaud sa trahison, et les Bretons du prétendant, pris aux portes de la ville, paient de leur vie l'audacieuse entreprise de leur maître. Jean répond à ces exécutions en faisant trancher la tête d'un marchand du Château qui est tombé entre ses mains. De part et d'autre les représailles se préparent. L'évêque de Limoges, Pierre de Montbrun, aidé de l'évêque de Poitiers, redouble d'efforts. — Il « travailla beaucoup pour avoir trèves », — déclare l'auteur des *Annales manuscrites* (1), qui rend justice à son dévouement. Enfin les deux prélats et le seigneur de Mortemart réussissent à faire accepter, par les deux parties, la convention du 16 septembre 1427 (2), où il est stipulé que les hostilités seront suspendues jusqu'au 24 juin de l'année suivante. A l'expiration de cette trève, les sollicitations « des ecclésiastiques et des nobles » (3) en obtiennent le renouvellement, et le pays doit encore une fois à ce zèle pacifique d'être délivré des horreurs de la guerre.

Ajoutons que nos évêques n'ont pas été seulement les champions infatigables de la justice et de la paix. Le sentiment national s'est éveillé chez eux de bonne heure et est demeuré constant, vif, généreux, à travers les vicissitudes de l'histoire si tourmentée de notre province. Dès le temps des Plantagenets, les successeurs de saint Martial, avec une intuition très nette des véritables intérêts de la province, de ses affinités, de ses destinées, sont résolument Français et servent avec zèle la politique française (4). Leur ligne de conduite, à dater de ce moment, n'a pas varié. Sans doute le

(1) *Annales manuscrites*, p. 300, 301.

(2) Nous avons publié le texte de cette convention au tome XXXI, p. 76, du *Bulletin de la Société archéologique du Limousin*, d'après une copie de la collection Doat, tome CCXLIV, p. 236.

(3) *Annales*, p. 300, 301.

(4) Quelques-uns même exercèrent l'autorité au nom du Roi avec un titre officiel, comme Aymeric Chapt, investi en 1372, de pouvoirs extraordinaires pour la défense du pays, le maintien de l'autorité royale et la reprise ou le rachat des places occupées par les Anglais.

soin de leurs propres affaires semble plus d'une fois avoir été
d'accord avec cette politique ; mais un intérêt d'occasion ne suffit
pas à expliquer une aussi rare constance et un aussi inébranlable
dévouement. Souvent, du reste, ils eurent de justes motifs de
plainte contre le roi de France ou ses officiers, et on ne voit pas
que ces griefs aient le moins du monde attiédi leur dévouement ou
modifié leur conduite. La fidélité des évêques de Limoges à la
France n'est pas un des faits les moins remarquables de notre
histoire provinciale. Il ne nous est permis ici que de l'indiquer
une fois de plus : peut-être mériterait-elle l'attention d'un véritable
historien et l'honneur d'une étude particulière.

Limoges, Imp. Vᵉ H. Ducourtieux, rue des Arènes.

www.ingramcontent.com/pod-product-compliance
Lightning Source LLC
LaVergne TN
LVHW010125060726
842524LV00005B/1744